TEXTE DE JEAN-MICHEL BILLIOUD
ILLUSTRATIONS DE CLÉMENCE LALLEMAND

Qui décide quoi ?

et toutes les questions que tu te poses sur ton quotidien !

FLEURUS
www.fleuruseditions.com

Jean-Michel Billioud est auteur de nombreux ouvrages documentaires, il collabore également aux revues *Historia, La Revue dessinée*...

Textes : Jean-Michel Billioud
Illustrations : Clémence Lallemand
Direction éditoriale : Guillaume Po
Édition : Françoise Ancey
Direction artistique : Armelle Riva
Mise en page : Les Paoistes
Fabrication : Sabine Marioni et Thierry Dubus

Dépôt légal : mars 2016
ISBN : 978 2 215 156 345
MDS : 592167
N° d'édition : J18036-02
2e édition

Achevé d'imprimer sur les presses de l'imprimerie Dimograf, Pologne, en décembre 2017.
Loi n° 49-956 du 16 juillet 1949 sur les publications destinées à la jeunesse.

Préface

Qui décide du menu de la cantine, du nombre de jours de vacances scolaires, ou encore de l'âge que tu dois avoir pour voter ? Qui prend ces petites et grandes décisions qui influent sur ta vie de tous les jours, celle de tes amis, et de ta famille ? Si tu te poses toutes ces questions, tu as dans les mains le livre parfait qui t'aidera à comprendre les règles de notre société et à devenir un citoyen informé, concerné, conscient de ses droits et de ses devoirs.
Au fil des pages, tu découvriras que, toi aussi, tu as un rôle important à jouer. D'ailleurs, quand tu grandiras, tu auras de plus en plus de liberté d'agir comme tu le souhaites. Et si tu penses que ton maire a beaucoup de chance de prendre autant de décisions, rien ne t'empêche de te présenter dans quelques années aux élections municipales !

Jean-Michel Billioud

Qui décide que je dois m'appeler Kevin, Jean-Eudes ou Zoé ?

Ce sont tes parents. Et si tu n'es pas content, tu ne peux te plaindre qu'à eux, car ils avaient un choix incroyable : en plus de tous les prénoms des calendriers français ou étrangers, ils pouvaient même… t'en inventer un ! En réalité, la seule chose interdite en France est de donner un prénom qui peut gêner ou ridiculiser l'enfant. Par exemple, si monsieur et madame Boudin ont un fils, ils n'auront pas le droit de le prénommer Kaka ! Et si les parents ne font pas d'autres propositions, c'est un juge qui choisira un nouveau prénom pour l'enfant.

Interdits !
Chaque année, des dizaines de prénoms farfelus comme Joyeux, Patriste, ou même Titeuf sont refusés par la justice, car « contraires à l'intérêt de l'enfant ». Parfois, les décisions sont plus discutables. En 2015, le tribunal de Valenciennes n'a pas accepté le prénom Nutella, ce qui semble logique, mais aussi celui de Fraise, ce qui l'est moins. On a donc le droit d'appeler sa fille Prune, Amandine ou Clémentine, mais pas Fraise !

On garde son nom de famille toute sa vie ?

C'est dans la majorité des cas ce qui se passe. Mais si ton nom est « difficile » ou très gênant, comme Quichemolle ou Bouboule, tu pourras demander à en changer à 18 ans. Il y a aussi de nombreuses personnes d'origine étrangère qui veulent « franciser » leur nom pour faciliter leur intégration. Dans ce cas, la famille Kopaszewski devient la famille Kopa, ou madame Vincenzi se transforme en madame Vincent.

Je n'ai qu'un prénom et mon copain en a trois, c'est normal ? Le nombre de prénoms n'est pas fixé par la loi. On peut en donner un ou… cinquante. Mais bon, il sera un peu compliqué par la suite de les faire inscrire sur la carte d'identité ou le passeport.

Qui décide que je dois **obéir** à mon père ou à ma mère ?

La loi française est très claire : si ton papa et ta maman sont mariés, et même s'ils ont divorcé à ta naissance, ils se partagent l'autorité parentale. S'ils vivent ensemble sans être mariés, c'est pareil. Tu dois donc obéir aux deux, exactement de la même manière. C'est ton devoir, et ce, au moins jusqu'à ta majorité !
Mais ils en ont aussi un : ils doivent veiller sur toi, sur ta santé, ton éducation, tes besoins, ta sécurité. Tu as donc tout à gagner à être obéissant, car de bons parents agiront toujours pour ton bien. Malheureusement, il y a parfois de gros problèmes dans une famille. Dès que l'on estime que tu es en danger, parce que tu subis de mauvais traitements par exemple, un juge peut retirer, de manière provisoire, l'autorité parentale à l'un des deux parents, ou aux deux.

Qui décide où je dois aller vivre en cas de **divorce** de mes parents ?

Cela dépend d'abord et surtout de tes parents. Car quand ils se mettent d'accord, c'est bien plus simple. Tu peux vivre, par exemple, pendant la semaine chez ta maman, et passer un week-end sur deux et la moitié des vacances avec ton papa. La plupart des enfants habitent avec leur mère, mais l'inverse existe aussi. Tu peux aussi aller une semaine chez l'un et une semaine chez l'autre, à tour de rôle : c'est la garde alternée.

Toutes les formules sont possibles mais, dans tous les cas, un juge devra donner son accord à la fin de la discussion. En général, il accepte l'arrangement trouvé par tes parents, s'il estime que c'est une bonne solution pour toi. Si tes parents n'arrivent pas à s'entendre, le juge décidera tout seul en fonction de tes intérêts. Tu peux même le rencontrer pour lui expliquer ce qui te semble le mieux pour toi, lui parler de tes envies et de tes besoins.

Qui a décidé que les garçons ne devaient pas porter de rose ?

Personne ne l'a jamais décidé et, bien évidemment, aucune loi ne l'impose ! Si tu t'appelles Martin et que tu as envie de porter un jogging fuchsia à l'école, tu n'es pas un délinquant, rassure-toi ! Mais attends-toi à subir des moqueries de la part de tes copains. Parce que le code couleur, et de manière presque systématique, c'est bleu pour les garçons et rose pour les filles. Pourquoi ? Personne ne le sait vraiment. D'ailleurs, au Moyen Âge, c'était l'inverse : le bleu était associé aux filles en référence à la Vierge Marie, et le rouge pâle était une couleur très virile, portée par les soldats. Que s'est-il passé ? Mystère et boule de gomme.
En réalité, la règle est très simple : il faut que les garçons et les filles soient libres de choisir leurs études, leur métier... et aussi leurs habits ! Il ne faut pas craindre d'être différent et de ne pas ressembler à tout le monde !

Même si l'on a tendance à associer le rose aux filles et le bleu aux garçons, la couleur préférée des unes et des autres reste... le bleu ! Cette couleur, souvent associée au rêve ou à la beauté, a été d'ailleurs choisie pour le drapeau du Conseil de l'Europe, ou encore pour les casques des soldats de la paix, les Casques bleus.

Qui décide de ce que j'ai le droit de regarder à la télé ?

Tout d'abord tes parents, dont l'un des devoirs est de te protéger. Il est donc normal qu'ils t'interdisent de regarder des séries et des films violents, ou même les journaux télévisés. Certaines images ou certains propos peuvent être très choquants quand on n'y est pas préparé.
Un organisme, le CSA (Conseil supérieur de l'audiovisuel), est aussi chargé d'assurer la protection des enfants de moins de 15 ans. Il surveille les chaînes de télé en permanence. Lorsqu'un programme comporte des scènes qui risquent de te heurter, il ne peut être diffusé dans des émissions pour la jeunesse. Mais rien n'interdit de le passer à un autre moment de la journée, avec le logo « interdit aux moins de 10 ans » (ou 12, 16 ou 18 selon les cas) !
Pour les journaux télévisés, ce n'est pas une signalétique particulière qui est prévue, mais un avertissement oral : le présentateur annonce que des images violentes vont être diffusées afin d'éloigner les plus jeunes. Ces mesures sont de bonnes choses, mais si les parents ne sont pas là, qui t'empêchera de voir des horreurs ?

Pourquoi je n'ai pas le droit de faire tout ce que je veux ?

Tu ne comprends pas pourquoi tes parents refusent de te laisser passer des heures sur ton ordinateur, de te coucher à l'heure que tu souhaites ou de manger huit fois par semaine au fast-food ? Ouh, les méchants ! En gros, tu ne comprends pas pourquoi tu ne peux pas décider tout seul de ta vie ? Il y a pourtant une bonne raison à cela : tes parents veulent simplement te protéger de **deux dangers principaux**.

• **Le premier** est celui de prendre des risques inutiles pour ta santé, ta sécurité et ton équilibre. Si tu regardes la télévision toute la nuit, tu ne seras pas très frais pour écouter les cours à l'école, et tu pourrais avoir des difficultés pour la suite de ta scolarité... Si tu manges des hamburgers par dizaines, tu mets ta santé en danger, et tes parents ont raison de te mettre en garde. Ils te protègent.

• **Le deuxième** danger est celui de manquer de respect aux autres. Si tu penses que tu as tous les droits, si tu ne viens pas, par exemple, aux rendez-vous fixés avec tes copains, si tu empruntes les affaires des autres sans leur demander la permission, alors tu prends le risque de te retrouver bientôt tout seul.

Quand tu décides, juste parce que cela te fait plaisir, de jouer de la trompette toute la nuit, ou de faire du tennis dans ton appartement, tu empiètes sur la liberté de ton voisin, qui veut dormir tranquillement.

« La liberté consiste à pouvoir faire tout ce qui ne nuit pas à autrui. » (Déclaration des droits de l'homme de 1789)

Et ceux qui pensent être libres en conduisant sans permis ou après avoir trop bu sont encore bien plus dangereux, car ils risquent la vie de beaucoup de monde. C'est pour cela qu'il existe des lois : elles définissent la liberté de chacun, afin que chacun puisse vivre **SA liberté**.
Il faut juste que tes parents te laissent respirer.
Un peu de liberté, cela ne fait pas de mal. Mais il faut savoir ne pas dépasser les limites !

Qui décide que l'école est obligatoire ?

Personne, parce que, en France, **l'école n'est pas du tout obligatoire**, c'est l'instruction qui l'est depuis 1882. Tous les enfants doivent acquérir les savoirs indispensables, comme bien parler le français, avoir des notions en sciences, des connaissances en histoire... La loi dit que cette instruction est obligatoire pour tous les enfants âgés de 6 à 16 ans habitant en France, quelle que soit leur origine. C'est important, car l'éducation est une chance extraordinaire qui permet à chaque enfant de grandir, de comprendre le monde qui l'entoure et de trouver sa voie.

Mais tes parents peuvent décider de l'assurer eux-mêmes, de demander à quelqu'un de le faire, ou de t'inscrire à des cours par correspondance. À chaque rentrée scolaire, ils devront déclarer au maire de leur commune et au responsable départemental de l'Éducation nationale que l'instruction sera bien donnée au sein de ta famille. Un inspecteur viendra vérifier que tes connaissances sont comparables à celles des enfants qui sont scolarisés.

Hors du système

Le philosophe Luc Ferry a choisi de quitter les bancs de l'école en classe de 3e et a continué de s'instruire chez lui, en recevant des cours par correspondance. Cela ne l'a pas empêché de devenir un universitaire brillant, et même... ministre de l'Éducation nationale entre 2002 et 2004.

C'est partout pareil ?

Chaque pays a ses propres lois ! En Belgique, la scolarité est obligatoire de 6 à 18 ans, alors qu'en Espagne, elle l'est jusqu'à 16 ans, tout comme en Angleterre où, en revanche, les enfants commencent à l'âge de 5 ans !

INFO +

Environ 60 millions d'enfants n'avaient pas accès à l'école primaire dans le monde en 2015, et il est probable qu'un grand nombre d'entre eux ne s'y rendent jamais. Ce chiffre concerne 10 % des garçons et 12 % des filles de la planète. L'inégalité entre les deux sexes se réduit d'année en année.

Qui décide des programmes scolaires ?

Ce sont des **spécialistes du ministère de l'Éducation nationale** qui s'en occupent. Ils définissent ce que toi et tes amis devez savoir à la fin de votre scolarité. Même si vous arrêtez l'école à 16 ans, comme il est possible de le faire, il est important d'avoir une bonne culture, de maîtriser la langue française, de pratiquer une langue étrangère, d'avoir des repères en mathématiques, en science, en histoire et en géographie. Mais, au fur et à mesure des années, à partir du CP, les programmes sont aussi conçus pour vous transmettre les règles de vie en société, vous faire connaître vos droits et vos devoirs de citoyens, et vous apprendre à être autonomes. En sortant de l'école, vous devez être bien armés pour toute la vie !

L'école, le collège et le lycée dépendent du ministère de l'Éducation nationale.

INFO +

Dans le primaire, la lecture, l'expression écrite et la littérature représentent 37 % du temps en France, en Hongrie et au Mexique, mais 17 % à peine en Indonésie et en Islande. Les mathématiques représentent 21 % du temps en France, mais moins de 14 % en Corée, en Grèce, en Irlande et en Turquie.

Qui décide que j'étudie la préhistoire en CE2 et la Révolution française en CM2 ?

C'est juste une question de logique !

Le programme d'histoire à l'école primaire doit te permettre de connaître les grandes périodes de l'humanité. C'est indispensable au futur citoyen pour comprendre le monde actuel. Tu commences donc normalement par la première période, la préhistoire, pour t'intéresser par la suite à l'Antiquité, au Moyen Âge, et à l'époque moderne. En CM2, on se penche plutôt sur la période qui s'étend de la Révolution à aujourd'hui. On étudie les deux guerres mondiales, la France dans la deuxième partie du XXe siècle, ainsi que la construction européenne. Mais attention, ce programme n'est pas figé pour autant.

Les professeurs d'histoire peuvent également comparer les époques, donner des exemples d'autres périodes si cela peut t'aider. L'important est de bien comprendre les différentes étapes qui ont façonné la France. Et tu verras, c'est souvent passionnant !

Qui construit et répare les écoles ?

Depuis la loi Guizot de 1833, les maires de France ont l'obligation d'accueillir tous les enfants de leur commune dans une école. Ils sont chargés de les faire construire, mais aussi de les entretenir. Si un arbre tombe sur le toit de ton école, la mairie doit assurer sa réparation. Si l'école doit être agrandie, ce sont les services municipaux qui ont la charge des travaux.

Qui décide de fermer ou d'ouvrir des classes ?

C'est le représentant du ministre de l'Éducation nationale dans ton département qui prend la décision en fonction du nombre d'élèves inscrits. Pour une ouverture, il envoie dans l'école un nouveau professeur. Pour une fermeture, il supprime un poste d'enseignant. Parfois, lorsqu'il y a vraiment peu d'élèves, les maires de plusieurs communes s'associent et n'ouvrent qu'une seule école.

INFO +

En France, il y a 35 416 communes et 52 900 écoles : certaines villes en ont plusieurs, mais des milliers… aucune.

Pourquoi on fait des exercices d'évacuation incendie à l'école ?

Parce qu'il faut fuir le plus vite possible. Les écoles sont souvent de grands bâtiments avec plusieurs couloirs, escaliers, salles de classe, cuisines... Le feu peut donc avoir des conséquences graves si l'on n'est pas bien préparés et coincés dans une partie enfumée de l'établissement. Si tu fais régulièrement des exercices sous la conduite de tes enseignants, tu auras les bons réflexes et pourras repérer différents chemins d'évacuation. Tu seras ainsi moins paniqué.

C'est quoi, le PPMS ?

Dans chaque établissement, on te prépare aussi à la survenue d'un accident majeur : tempête, explosion, attentat. Le directeur organise un « plan particulier de mise en sûreté » (PPMS) qui prévoit des consignes de tous les types de risques possibles. Et chaque année, un exercice doit avoir lieu pour valider le PPMS.

INFO +

Chaque année, au moins deux exercices d'évacuation « incendie » sont obligatoires dans les établissements scolaires. Le premier doit avoir lieu le premier mois suivant la rentrée.

Pourquoi a-t-on décidé de **noter** les élèves ?

On peut se poser la question car, avant le XIXe siècle, il n'existait aucun système de notation en France. En 1808, grande nouveauté avec la création du bac, les élèves sont évalués avec… des boules de couleur : boules blanches pour les matières où ils sont moyens, rouges pour celles où ils sont bons, et noires quand ils sont nuls. Puis, au fil du siècle, cette première évaluation est traduite en chiffres de 0 à 5, puis de 0 à 20. Voilà pour l'histoire.

Mais à quoi ça sert de noter les élèves ?

Tout le monde n'est pas d'accord !

Ceux qui sont pour estiment que la notation permet de se comparer avec le reste de la classe. Pour eux, certains élèves ont besoin d'avoir des repères pour s'encourager, et ils estiment qu'il est normal de récompenser les meilleurs.

Ceux qui sont contre pensent que les notes démoralisent les élèves en difficulté et que leurs progrès ne sont pas toujours valorisés. Imagine : un élève fait en moyenne 40 fautes à ses dictées. Si au prix d'un effort soutenu, il ne commet plus que 20 fautes, sa progression passera complètement inaperçue, puisqu'il aura toujours 0 sur 20, que ce soit avec 20 fautes ou 40 fautes !

Et ailleurs ?
Chaque pays a sa propre manière d'évaluer les élèves ! Au Québec et en Corée du Sud, les enfants sont notés sur 100. En Allemagne, les élèves sont notés de 1 à 6, mais c'est le 1 qui représente la meilleure note. Au Danemark, il n'y a plus de notes à l'école primaire, mais, dans le secondaire, les élèves peuvent avoir des notes négatives, avec une échelle allant de 12 à -2 ! En Suède, le classement des élèves au sein de la classe est banni par la loi !

Qui décide de l'orthographe des mots (qui enquiquine tout le monde) ?

C'est l'Académie française qui veille depuis 1635 sur l'orthographe. Parfois, elle prend même des décisions radicales : en 1740, les Académiciens modifient un mot sur quatre dans leur dictionnaire ! Mais l'orthographe est longtemps restée variable d'une région et d'une époque à l'autre.

Au XIXe siècle, le développement de l'école rend obligatoire l'orthographe identique pour chaque mot. Aujourd'hui, le travail des Académiciens est de simplifier les mots et de supprimer les innombrables incohérences de la langue française. En 1990, une grande réforme a changé l'orthographe de centaines de mots : « mille-pattes » est devenu « millepatte », « nénuphar » s'est transformé en « nénufar », etc.

Mais deux problèmes subsistent : les Académiciens ont souvent besoin de plusieurs années pour faire ce nettoyage et certains dictionnaires ne prennent pas en compte ces modifications immédiatement. Du coup, cela devient encore plus compliqué !

Qui décide que j'ai besoin de 16 semaines de vacances par an ?

En France, la loi fixe la durée de l'année scolaire à trente-six semaines, séparées par cinq périodes de vacances. Cela représente environ 180 jours de classe par an. C'est un peu moins que dans la plupart des autres pays, où les élèves vont en moyenne 38 semaines à l'école par an, soit... 190 jours. C'est à l'Éducation nationale de répartir et de définir la durée des petites et grandes vacances dans l'année, une mission pas si facile que ça, car il faut bien équilibrer périodes de travail et périodes de repos.

À quoi ça sert, les zones de vacances ?
Depuis 1971, la France est découpée en trois zones scolaires : A, B et C. Cela permet aux Français de partir en vacances à tour de rôle, et ainsi de faire fonctionner les commerces et les activités touristiques plus longtemps.

Il existe onze jours fériés en France. Tous célèbrent une fête civile, et cela représente la majorité (six d'entre eux), ou une fête religieuse. Certains estiment d'ailleurs que cette liste devrait évoluer, puisque notre pays est laïc depuis plus de cent ans !

Pourquoi je vais à l'école certains jours et pas d'autres ?

C'est le ministre de l'Éducation nationale qui est chargé d'organiser le temps scolaire. Son objectif est de te permettre de mieux apprendre, d'être moins fatigué, tout en restant plus réceptif et plus concentré. La durée totale est fixée à 24 heures par semaine depuis plusieurs années, mais les ministres qui se succèdent ne sont pas toujours d'accord sur la répartition de ces heures. En 2008, le ministre pensait qu'il était préférable de travailler quatre jours et d'avoir trois jours de repos (mercredi-samedi-dimanche). Mais, à partir de la rentrée scolaire 2014, tout a changé.

Pendant toute sa scolarité, on passe un peu plus de 10 000 heures sur les bancs de l'école, du collège et du lycée. Un peu plus si on redouble !

Et chez les autres ?
Dans certains pays, le choix des rythmes scolaires est laissé aux régions, et parfois même aux écoles. Mais, en très grande majorité, c'est la semaine scolaire de cinq jours qui a été adoptée : les enfants vont à l'école du lundi au vendredi. Pourtant, en Indonésie et dans certaines régions d'Allemagne et d'Autriche, les écoliers ont cours le mercredi, mais aussi le samedi matin.

Des études ont montré que les journées étaient trop chargées et que les enfants étaient plus attentifs avant le déjeuner. Les élèves ont par conséquent pris le chemin de l'école cinq matins par semaine au lieu de quatre. Pour compenser cette matinée supplémentaire, tes cours s'arrêtent plus tôt l'après-midi. Tu as ainsi, en principe, plus de temps pour faire des activités artistiques ou sportives à l'école. Profites-en car, avec un prochain ministre, tout pourrait de nouveau changer !

« Les maîtres d'école sont des jardiniers en intelligence humaine. »
Victor Hugo

Qui décide de ce que **je mange à la cantine ?**

Quand il y a une cantine dans ton école (mais ce n'est pas obligatoire), **c'est la commune qui est responsable du menu**. Selon les situations, les repas sont préparés sur place par le personnel, ou par une entreprise de restauration collective. Et chaque ville, la tienne comme les autres, propose les menus de son choix. C'est donc elle, ou plutôt le personnel du service « restauration », qui décide.
Les menus sont par conséquent assez différents dans chaque école de France, mais, partout, de Quimper à Montauban en passant par Bâgé-le-Châtel, ils doivent rester variés, équilibrés, avec des portions adaptées à l'âge des élèves. Si cela t'intéresse, tu peux regarder ce que tu vas manger cette semaine en surfant sur le site Internet de ta ville. On y trouve la plupart du temps les menus de la semaine.

123

En France, un milliard de repas sont servis chaque année dans les cantines pour 7 millions d'écoliers, de collégiens et de lycéens demi-pensionnaires.

Et si notre religion interdit de manger du porc, on fait quoi ?

En principe, les communes ne sont pas obligées de prévoir des menus adaptés aux pratiques religieuses particulières mais, le plus souvent, elles proposent malgré tout des plats alternatifs pour les enfants qui sont allergiques, ou pour ceux qui ne mangent pas certains aliments à cause de leur religion.

C'est quoi, un PAI ?

Si un enfant a un problème de santé (allergie, asthme...), sa famille, l'établissement scolaire et le médecin de l'école signent un projet d'accueil individualisé (PAI). Grâce à ce contrat, l'élève peut recevoir à l'école les soins ou les médicaments dont il a besoin, ou bénéficier d'un régime alimentaire particulier.

Qui décide que je suis français ou non ?

Quand l'un de tes parents est français, c'est automatique, tu l'es dès ta naissance. C'est ce que l'on appelle le **droit du sang**. Il existe aussi le **droit du sol**, mais c'est un peu plus compliqué : si l'un de tes parents étrangers est né en France comme toi, tu es français dès ta naissance. Si tu es né dans notre pays, mais que tes des deux parents sont étrangers, tu peux devenir français si tu habites suffisamment longtemps en France. Il y a aussi la procédure de « naturalisation » : un étranger majeur, résidant sur le sol français depuis au moins cinq ans (ou deux ans s'il est étudiant), peut demander à être naturalisé. Mais il faut qu'il prouve sa bonne connaissance de la langue française et des valeurs de la République. Sinon, cela lui est refusé ! Dernière option : un étranger peut être naturalisé après quatre ans de mariage avec un citoyen français.

Si tes parents sont français, mais que tu es né aux États-Unis, ou dans l'avion qui survolait ce vaste pays, tu es américain ! Tu as ainsi la double nationalité, et tu pourras vivre dans l'un ou l'autre des deux pays quand tu seras adulte.

Qui décide d'accueillir un enfant étranger dans ma classe ?

C'est la loi. L'école est un droit pour tous les enfants âgés de 6 à 16 ans résidant en France, quelles que soient leurs conditions d'arrivée dans notre pays et leur nationalité. Que tu viennes de Pologne, de Roumanie ou du Mali, que tes parents soient français ou étrangers, tout est organisé pour que tu puisses aller à l'école la plus proche de chez toi.

Si tu ne parles que ta langue d'origine, ou si tu ne connais rien dans certaines matières comme les mathématiques, ou si tu as des difficultés pour écrire, tu rejoins d'abord une classe spéciale, où il y a plus de dix heures de cours de français par semaine, mais également des leçons de mathématiques et de langue étrangère. L'objectif est que tu intègres, le plus rapidement possible, l'ensemble des cours en classe « ordinaire », comme les autres enfants de ton âge.

Pourquoi je ne dois pas porter de signe religieux à l'école publique ?

À cause d'une loi votée en 2004, mais dont les origines sont bien plus anciennes. La France est un **pays laïc** depuis la loi de la séparation de l'Église et de l'État en 1905. Contrairement à ce que beaucoup de gens pensent, cela ne signifie pas que les religions sont interdites ou condamnées. Cela veut dire que tu dois respecter les croyances des autres, que tu es libre de croire ou de ne pas croire en un ou plusieurs dieux, mais aussi que tu as le droit de changer d'avis.

Dans les années 1990, des problèmes sont apparus dans les écoles, car des élèves ne respectaient plus la laïcité en portant des tenues qui affirmaient trop fortement leur religion. Alors, après des années de débats, une loi a été votée en 2004 pour interdire à l'école les tenues et les signes trop ouvertement religieux, comme le voile islamique des musulmans, la kippa des juifs, ou les croix trop visibles des chrétiens.
Pourquoi ? Pour beaucoup de raisons.

En portant des signes religieux très visibles, on cherche à montrer et à répandre des idées et des croyances, à influencer ses copains. Imagine que 95 % des enfants de ta classe portent une grosse croix en pendentif, tu pourrais être gêné de ne pas en avoir une, de ne pas être comme les autres. Inversement, si tu es le seul à porter une kippa, tu seras peut-être isolé, tu pourrais entendre des réflexions désagréables, alors que l'école est aussi faite pour faciliter les rencontres, les partages, et pour inciter au respect et à la tolérance.

Libres !
Dans de nombreux pays, comme l'Angleterre ou la Suisse, toutes les tenues sont autorisées, car les dirigeants de ces pays refusent de limiter la liberté d'expression, et ce, même au niveau religieux.

Pourquoi il y a si peu d'enfants handicapés dans mon école ?

Pendant très longtemps, tu as raison, rien n'était fait pour accueillir les enfants souffrant d'un handicap dans les écoles. Mais, depuis **la loi de 2005 pour « l'égalité des droits et des chances »**, les établissements scolaires sont enfin ouverts à tout le monde. C'est une très bonne chose, car ce n'est pas parce que tu es handicapé que tu es moins bon que les autres !

Cependant, une loi ne résout pas tout en quelques semaines. Il faut d'abord recruter des dizaines de milliers de personnes, que l'on fasse appel à des auxiliaires de vie scolaires pour aider chaque enfant handicapé à suivre les cours, à prendre des notes s'il ne parvient pas à écrire, à porter son cartable, à manger à la cantine...

Le droit à l'éducation pour tous les enfants, quel que soit leur handicap, est un droit fondamental.

Il faut aussi adapter les salles de classe, prévoir des solutions pour monter dans les étages, acheter des ordinateurs avec de grands écrans pour ceux qui ne voient pas très bien, construire des toilettes suffisamment spacieuses... Il faut penser à des centaines de détails, à un bon accompagnement, et cela coûte cher.

Mais le pari est en passe d'être gagné. Depuis 2005, le nombre d'élèves en situation de handicap dans les écoles a plus que doublé en France (plus de 260 000 à la rentrée 2015). Et tout le monde y gagne.
D'abord, l'accessibilité profite à chacun. Par exemple, si tu te casses la jambe, tu seras content de prendre la rampe et de ne pas avoir cinq marches à monter juste pour entrer dans le hall de l'école. Et si la signalisation pour rejoindre les classes est améliorée, tu te perdras moins, tout comme tes parents lorsqu'ils viennent aux réunions ! **Vivre ensemble** permet d'**accepter la différence** et de ne plus la voir. Parfois, quand le handicap est assez important, les élèves sont regroupés dans des classes spéciales intégrées dans les établissements scolaires. Handicapés ou pas, **tous les enfants ont droit à l'éducation !**

INFO +

En 2014, une enquête de l'Observatoire national de la sécurité et de l'accessibilité des établissements d'enseignement a montré que 25 % des écoles construites après la loi de 2005 n'étaient pas accessibles selon les règles en vigueur concernant l'accueil des enfants handicapés !

Où sont les enfants handicapés qui ne vont pas à l'école ?
Par choix ou par obligation, certains élèves en situation de handicap restent chez eux. Leur instruction est effectuée par un membre de la famille ou par un enseignant envoyé par l'Éducation nationale. Ceux qui souffrent de handicaps plus importants sont orientés vers des centres spécialisés, où ils reçoivent à la fois des soins et une instruction.

Qui décide que je n'ai pas le droit **d'insulter** l'un de mes profs ?

Dans un pays libre comme la France, chacun a le droit d'exprimer ses opinions. Toi comme les autres. C'est ce que l'on appelle la **liberté d'expression**. Pouvoir dire, écrire, dessiner, publier, afficher ce que l'on pense est un **droit absolu pour tous les citoyens**, garanti par la Déclaration des droits de l'homme de 1789 et la Constitution française de 1958. Tu as le droit de critiquer et de te moquer, tu dois le savoir !

Par exemple, si tu critiques ouvertement, mais poliment l'un de tes profs, avec des arguments fondés, il ne va pas apprécier, mais tu en as le droit. Il existe toutefois certaines restrictions. Il ne faut pas confondre la liberté de pensée et les attaques verbales violentes. Dire : « Monsieur, je ne suis pas d'accord avec vous et je vais vous expliquer pourquoi », ce n'est pas pareil que de crier devant la classe entière : « Vous êtes un débile et vous ne comprenez jamais rien ! » Ce n'était pas ton intention, mais sache qu'il est interdit d'injurier un professeur, de lui tenir des propos antisémites, racistes ou homophobes, ou encore d'appeler à la violence physique contre lui. Dans ces cas-là, s'il s'estime insulté, ton professeur pourra porter plainte contre toi, et tu seras certainement condamné par un tribunal.

L'antisémitisme est le racisme dirigé contre les Juifs.

Et sur les réseaux sociaux ?

C'est exactement la même chose. Écrire des propos insultants à l'égard d'un enseignant sur un réseau social comme Facebook peut entraîner des condamnations. Surtout que ces écrits peuvent être lus par énormément de monde. Le dommage, c'est-à-dire le mal fait aux autres, est encore plus important.

La liberté d'expression dans le monde

Elle est variable selon les pays et dépend de leur culture et de leur histoire. Aux États-Unis, la liberté d'expression est très grande : même les discours haineux sont autorisés, à l'exception de ceux qui appellent à la violence immédiate. En Arabie Saoudite, c'est l'inverse, il n'y a aucune liberté d'expression : le jeune blogueur Raif Badawi a même été condamné à dix années de prison et à 1 000 coups de fouet pour « insulte à l'islam ». En 2015, 177 blogueurs et 155 journalistes étaient en prison pour avoir trop usé de leur liberté d'expression...

Qui décide que je n'ai pas le droit de travailler ?

Tu as la chance de vivre en Europe, où les enfants sont très bien protégés par la loi.
En France, tu ne peux être salarié qu'à partir de 16 ans, et uniquement si tes parents sont d'accord. Pour les travaux qui ne sont pas dangereux pour ta santé ou ta sécurité, il y a des exceptions, mais dans des conditions spécifiques et très protectrices.
Cela n'a pas toujours été le cas. Les enfants d'autrefois travaillaient dès leur plus jeune âge, d'abord dans les campagnes, puis, à partir du XIXe siècle, dans les usines. Une loi française de 1841 interdisait de les faire travailler à 6 ans, ce qui revenait à une autorisation d'embauche dès l'âge de 7 ans !
Malheureusement, cet esclavage est loin d'avoir disparu dans le monde. À cause de la pauvreté et de la faible scolarisation, près de 200 millions de jeunes, soit un sur six, travaillent dans des conditions très pénibles, en grande majorité dans les exploitations agricoles d'Afrique, d'Asie du Sud et d'Amérique latine.

Quelles exceptions ?

Comment alors peut-on tourner un film comme *Le Petit Nicolas*, puisque les enfants n'ont pas le droit de travailler ? En réalité, on peut engager un enfant de moins de 14 ans, mais uniquement pour un spectacle, un film, ou en tant que mannequin. Il faut privilégier cependant les périodes de vacances ou, quand cela est impossible, s'arranger pour ne pas trop perturber ses études. Tu peux aussi avoir un petit job d'été à partir de 14 ans, si tu ne travailles pas plus de 35 heures par semaine et de 7 heures par jour. Et sache-le, tes parents n'ont aucun droit sur l'argent que tu as gagné par ton travail.

Horrible !
Depuis août 2014, la Bolivie, un pays d'Amérique du Sud, autorise le travail des enfants dès l'âge de 10 ans « à condition [selon le gouvernement] que cette activité ne nuise pas à leur droit à l'éducation et qu'elle ne soit pas dangereuse. » Beaucoup sont contre, car si les enfants sont autorisés à travailler, ils manqueront l'école et ne pourront s'élever dans la société, et la plupart resteront analphabètes.

ABC

Un analphabète est une personne qui ne sait ni lire ni écrire.

Qui décide que je dois avoir 13 ans pour ouvrir un compte Facebook ?

C'est Facebook qui a fixé cette règle. C'est un site américain et, aux États-Unis, une loi interdit l'utilisation à des fins commerciales des données concernant les mineurs de moins de 13 ans. Après cet âge, Facebook considère que tu as la maturité nécessaire pour ne pas « poster » de photos que tu trouves drôles aujourd'hui, mais qui pourraient te faire du tort plus tard. Les dirigeants de ce réseau social pensent aussi que tu n'écriras pas d'injures et que tu refuseras de devenir amis avec des inconnus susceptibles d'être dangereux pour toi. Ce n'est pas totalement faux, mais tout ceci est un peu hypocrite. Surtout que Facebook n'a aucun moyen de vérifier ton âge.

INFO +

En 2017, l'âge moyen des utilisateurs du réseau social Facebook est de 22 ans.

Et pour un compte en banque ?

Les banques pensent visiblement que tu es responsable encore plus jeune, puisqu'elles proposent l'ouverture d'un livret A dès... ta naissance, et celle d'un compte bancaire avec carte de retrait dès 12 ans. Pour toi, c'est une manière de gérer ton argent de poche plus facilement. Le mieux, c'est d'aller avec tes parents rencontrer le conseiller de la banque. Il pourra t'expliquer ce que tu as le droit de faire et ce qui est interdit. Il n'y a pas trop de risques car, avec cette carte, tu ne peux pas régler des achats dans un magasin, mais uniquement retirer l'argent. Si, toutefois, tu as peur de dépenser trop d'argent, tes parents peuvent décider du montant maximum auquel tu as droit chaque semaine ou chaque mois. C'est plus prudent pour toi et pour eux..., parce qu'ils restent responsables devant la loi !

Qui décide de l'âge pour **conduire une voiture ?**

Depuis la création du véritable permis de conduire en 1922, l'âge n'a jamais changé ! **Tu dois attendre d'avoir 18 ans**. Plus jeune, tu n'as pas assez d'expérience et tu n'es pas assez sérieux pour conduire tout seul ! Mais cela pourrait évoluer en France, car tu peux déjà passer le permis à 17 ans et faire de la conduite accompagnée à partir de 15 ans.

Aux États-Unis, c'est différent. Les jeunes Américains passent leur *driver's license* dès 16 ans. Chaque État délivre son propre permis et les règles de conduite peuvent légèrement varier d'un lieu à l'autre (en ce qui concerne la vitesse maximum autorisée, notamment). En revanche, en France, comme ailleurs, rien n'interdit à une personne de 110 ans de prendre le volant et de foncer sur l'autoroute !

Le jeu des différences

Le code de la route est presque le même partout en Europe. Mais si l'on regarde bien, on trouve de petites différences. En Grèce ou en Roumanie, tu seras obligé d'avoir dans ta voiture un extincteur. Et sur certaines autoroutes allemandes, la vitesse est illimitée ! Tout cela après tes 18 ans, bien sûr.

Qui décide que je n'ai pas **le droit de voter** avant 18 ans ?

Les parlementaires qui ont voté cette loi en France, tout comme la grande majorité des pays, ont estimé que tu manquais de culture politique avant cet âge, et que tu ne serais donc pas capable d'exprimer librement ton opinion. Tes parents pourraient par exemple te souffler quoi voter ! Ce n'est pas un avis partagé par tout le monde. Ceux qui veulent abaisser la limite à 16 ans sont persuadés que cela permettrait de mobiliser les plus jeunes et de leur montrer que l'on a confiance en leur jugement. Cela obligerait aussi les hommes et les femmes politiques à mieux les écouter, puisqu'ils auront besoin d'eux pour être élus. L'histoire leur donnera sûrement raison, car on constate que les électeurs sont de plus en plus jeunes : on votait à 30 ans en 1815, à 25 ans en 1830, et à 21 ans en 1848, avant que la majorité électorale ne passe à 18 ans en 1974.

Les Françaises n'ont obtenu le droit de vote qu'en 1944.

INFO +

Baby vote

Depuis 2007, les électeurs d'Autriche sont autorisés à voter aux élections municipales, législatives ou européennes à partir de 16 ans. Et un parti de ce pays demande même le droit de vote... dès la naissance !

Qui décide
que ma rue s'appelle la rue du Maréchal-Joffre ou la rue des Aubergines ?

Le nom des rues est voté par le Conseil municipal. Cela peut être le nom d'une personnalité, d'une fleur, d'un pays, d'une couleur, d'un gâteau... Tout est possible ou presque ! En général, les noms ont un rapport avec l'histoire de la commune. Quand une ville a eu un maire de gauche, il est presque certain d'y trouver la rue Jean-Jaurès ou la rue Léon-Blum, des personnalités du socialisme. Lorsqu'une ville organisait de grandes foires au Moyen Âge, elle abrite aujourd'hui une rue des Drapiers, une rue des Teinturiers, etc.

À Paris, moins de 3 % des rues portent le nom d'une femme célèbre, mais 61 % des nouveaux noms donnés en 2014 et en 2015 sont féminins. Les choses bougent enfin !

De la même manière, les citoyens peuvent aussi proposer au maire un changement de nom pour leur rue. Après avoir reçu leurs propositions, celui-ci décide de les inscrire à l'ordre du jour du conseil municipal qui accepte ou refuse en votant, tout simplement. Lorsque le vote est favorable, la rue est débaptisée, sauf si d'autres habitants contestent cette évolution devant la justice. On n'est pas forcément très content de devoir changer tous ses papiers du jour au lendemain, alors que l'on n'a même pas déménagé !

Vive les jeunes !
Dans la commune d'Émerainville (Seine-et-Marne), le maire a proposé aux écoliers d'un quartier de choisir le nom des rues. On peut donc se donner rendez-vous allée des Lutins, rue de la Fée, ou encore rue du Lapin Vert.

Qui a décidé de mettre six feux tricolores dans ma rue et aucun dans celle d'à côté ?

C'est le maire de ta commune qui a pris cette décision avec l'accord du conseil municipal. Il est le responsable de la sécurité des automobilistes, des cyclistes, des motards et, bien sûr, des piétons de sa ville. Avant de faire installer des feux tricolores, il a certainement mené des études pour évaluer les risques. Quand il y a une école dans ta rue, un croisement avec une avenue commerçante, une station de métro ou une gare, il y a de nombreux feux tricolores, afin que tout le monde puisse traverser sans danger. Mais ces équipements coûtent très cher, à l'achat, en électricité, mais aussi parce qu'il faut régulièrement changer les ampoules. Tu imagines bien qu'un feu tricolore qui fonctionne mal rend un croisement plus dangereux que s'il n'y avait aucun équipement de signalisation. Certains maires hésitent alors à investir dans de nouveaux feux tricolores. En 2015, la mairie de Montluçon, dans l'Allier, a même décidé d'en supprimer une quarantaine !

Qui décide qu'il y a cinq exemplaires du tome 3 d'*Harry Potter* à la bibliothèque, mais pas la BD que je cherche ?

C'est le responsable de la bibliothèque, le conservateur, qui sélectionne les livres avec son équipe. Normalement, son but est de proposer divers ouvrages, dans des styles différents, pour satisfaire un maximum de personnes. Il a probablement pensé qu'il y aurait plus de lecteurs intéressés par les aventures d'Harry Potter que d'amateurs de ta bande dessinée, qu'il ne connaît peut-être même pas. Mais n'hésite pas à lui proposer ton idée dans les « cahiers de suggestions » souvent mis à disposition dans les bibliothèques. Parfois, des problèmes d'un autre genre peuvent survenir. Le maire, qui finance les achats de tous ces livres, peut imposer ou refuser un ouvrage, parce qu'il l'estime dangereux ou contraire à ses idées politiques. Quand le conservateur n'est pas d'accord avec la volonté du maire, c'est au juge de décider.

10 millions : c'est le nombre d'ouvrages, de CD, de DVD, et de documents proposés par les bibliothèques de Paris. On peut facilement y trouver son bonheur... comme ce livre !

Pourquoi le maire décide de presque tout dans ma ville ?

Il ne prend en réalité que les décisions qui concernent la vie des habitants de sa commune. Mais c'est déjà énorme, car le maire a **trois grandes missions**.

• **Premièrement**, il est le représentant de l'État dans sa commune : ses services enregistrent les naissances et les décès ayant lieu dans sa ville. Il célèbre également, lui ou ses adjoints, les mariages.

• **Deuxièmement**, il est le chef des services municipaux. Avec ses équipes, il est responsable de l'entretien de sa cité, des trottoirs, des jardins publics, des pelouses, des écoles... Par exemple, aucune maison, aucun immeuble ne peut être construit sans l'accord du maire.

• **Troisièmement**, il est le président du conseil municipal et il fait appliquer ses décisions. Si les membres du conseil décident en majorité de bâtir un stade de base-ball, le maire doit veiller à sa construction ! Et quand le conseil vote l'installation de feux rouges dans une rue... il doit s'exécuter et passer commande !

Près de 2 000 communes françaises ont un conseil municipal constitué d'enfants. Ce conseil se réunit régulièrement pour essayer d'améliorer la vie dans sa ville. Les membres font des propositions... parfois adoptées par le maire !

Qui sont les maires de France ?

Aux dernières élections municipales françaises de 2014, seuls 16 % des maires élus étaient des femmes. Ce n'est pas beaucoup, mais toutefois mieux qu'en 1959, où il n'y en avait que 1 % ! Les maires sont de plus en plus âgés : un seul avait moins de 25 ans au moment de son élection, et 498 plus de 80 ! Qu'ils soient jeunes ou âgés, femmes ou hommes, ils reçoivent tous de l'argent pour assurer cette mission, proportionnellement à la taille de leur commune. Dans les 19 916 villages français de moins de 500 habitants, le maire reçoit 646 euros par mois. Et dans les 41 grandes villes de plus de 100 000 habitants, il empoche 5 512 euros par mois !

Qui a tous les pouvoirs en France ?

C'est le président de la République qui prend le plus de décisions importantes. Mais ceux qui ont écrit en 1958 la Constitution française de la Ve République, le texte qui définit les règles de la vie politique dans notre pays, ont voulu éviter qu'une seule personne décide de tout. Ils ont donc divisé les pouvoirs pour limiter ce danger.

Depuis, **le président et le gouvernement dirigent le pays**. Le président nomme un Premier ministre, qui choisit d'autres ministres en accord avec le chef de l'État. Ensemble, ils décident de la politique à mener et font exécuter les lois. C'est ce que l'on appelle le **pouvoir exécutif**.

La démocratie, c'est « le gouvernement du peuple, par le peuple, pour le peuple ». Abraham Lincoln

De leur côté, **les députés et les sénateurs** détiennent **le pouvoir législatif** : ce sont eux qui discutent et votent les lois, les règles qui organisent la vie en société. Les premiers sont élus directement par les citoyens en âge de voter, et siègent à l'Assemblée nationale. Les seconds sont élus par les maires, mais aussi les conseillers municipaux, départementaux et régionaux.

Enfin, **les magistrats** sont responsables du **pouvoir judiciaire** : ils sont chargés de faire appliquer la loi et de régler les conflits.
Mais, attention, dans une vraie démocratie, ceux qui dirigent (président et gouvernement), ceux qui votent les lois (parlementaires) et ceux qui jugent (magistrats) doivent **être indépendants les uns des autres**. D'ailleurs, la Constitution interdit au président de la République d'entrer à l'Assemblée nationale ! C'est un symbole fort de ce que l'on appelle « la séparation des pouvoirs ».

Qui représente les enfants dans la vie politique ?

Ce sont leurs parents de manière générale, puisqu'ils votent dans l'intérêt de leur famille. Mais pas uniquement. Depuis 1994, 577 enfants de CM2 élus par leurs copains de classe siègent une fois par an à l'Assemblée nationale pour débattre sur des textes. Et c'est très sérieux : depuis la création du Parlement des enfants, plusieurs projets proposés par ces députés en herbe sont devenus des lois de la République !

Dans la même collection :